Herstellung und Verlag:
Books on Demand GmbH, Norderstedt
ISBN 9783839116586

© 2009 Torsten Jonentz
1. Auflage 2009

In Zukunft nicht nur ein Problem von älteren und behinderten Menschen

Inhaltsverzeichnis

Vorwort

Durch den demographischen Wandel sind die Marktteilnehmer in der Immobilienwirtschaft gezwungen, ihre Immobilien diesem Wandel anzupassen. Zusätzlich leiden die Privathaushalte und die der öffentlichen Hand an einem erhöhten Kostendruck, der sich wiederum auf die Immobilienwirtschaft auswirkt.

Anhand eines fiktiven Objektes, dessen Flächen als typischer Mietwohnungsbau gesehen werden kann, erfolgt eine Berechnung für dessen Wirtschaftlichkeit.

Die in diesem Buch erstellten Szenarien können nicht als allgemeingültig gesehen werden, vielmehr geht es hierbei um Denkansätze und Lösungsmöglichkeiten die auf die jeweilige Immobilie übertragen werden können.

Das Zahlenwerk entstammt aus den Jahren 2007 / 2008.

Trotz mehrfacher Überprüfung, kann eine Gewährleistung für die Richtigkeit des Inhaltes nicht übernommen werden.

Problematik

Zukünftige Bevölkerungsentwicklung

Die in Deutschland lebende Bevölkerung altert zunehmend,
d.h. es gibt immer mehr ältere Menschen, die immer länger
leben. Zudem sind die Geburtenzahlen seit circa 20 Jahren
stark rückläufig. Fördermaßnahmen, wie z.B. Kindergeld, um
diesen Trend entgegenzuwirken blieben bislang erfolglos.

Die sogenannte Alterspyramide ist somit im Begriff sich
umzudrehen

Wirtschaftliche Auswirkung auf den Wohnungsmarkt

Bereits heute floriert der Markt rund um die Senioren, wie z.b. Therapieeinrichtungen, Pflegepersonal, altersgerechte Gebrauchsgegenstände, Altenpflegeheime usw.

Viele ältere Menschen müssen Ihre Wohnung bzw. Ihr Wohnumfeld verlassen und in ein Altenpflegeheim umziehen, da eine altersgerechte Wohnung auf dem Immobilienmarkt nur sehr selten vorzufinden ist. So wurden in den letzten Jahren viele Altenpflegeheime neu erbaut. Damit wird deutlich, dass diese Heime in direkter Konkurrenz mit den privaten und öffentlichen Wohnungsbaugesellschaften bzw. Privatvermietern stehen.

Die ersten erfolgreichen Modelle des altersgerechten Wohnens wurden bereits vor einigen Jahren ins Leben gerufen, allerdings dürften diese Lösungen weder qualitativ noch quantitativ ausreichen um die gestiegenen Ansprüche und den zukünftigen Wohnbedarf für eine alternde Gesellschaft zu decken. Hier wurde meistens ein Geschoss, das ohnehin mit einem Aufzug zur erreichen ist, zur „Alten-WG" erklärt. Bauliche Veränderung wurde in der Regel gar nicht oder nur im geringen Umfang vorgenommen.

Lösungsmöglichkeiten

Kunden- und Marktorientierung

In einer sich rasant verändernden Gesellschaft wird es immer wichtiger für ein Unternehmen Zukunftsprognosen zu erstellen, um sich auf den künftigen Kunden einzustellen und entsprechende Maßnahmen zu ergreifen. Weltweit agierende Unternehmen haben bereits vor geraumer Zeit Zukunftsforschungsabteilungen eingerichtet.

Eine Sensibilisierung der sich ändernden Markteinflussfaktoren (hier die alternde Gesellschaft) ist für Immobilienunternehmen besonders wichtig, um die großen Zeitverzögerungen („time-lags") in der Immobilienwirtschaft so gering wie möglich zu halten.

Obdach ist nicht nur ein Grundbedürfnis des Menschen, sondern jeder Mensch ist auch immer ein Konsument, folgerichtig besteht der „Kampf um den Kunden" bereits.

Um diesen „Kampf" zu gewinnen, müssen Immobilienunternehmen Trends frühzeitig erkennen, ihre Wohnungsleerstände reduzieren und ihre Gewinne maximieren.

„Spezialimmobilien", wie das seniorengerechte Wohnen, bieten hierfür Lösungen für die sich ändernden Markt- und Kundenwünsche.

Eine weitere Besonderheit in der Immobilienwirtschaft liegt in der räumlichen Gebundenheit der Immobilie (immobil), die nur dadurch aufgewertet werden kann, dass die Attraktivität der Immobilie erhöht wird. Dies geschieht durch Anpassungen der Kundenwünsche, bzw. durch den geänderten Lebenszyklus des Bauwerkes.

Beispiel:

Eine Wohnung mit ungefliestem Bad ist heute nicht mehr oder nur mit deutlichen Mietabschlägen vermietbar.

Zielgruppe

Der Unterschied zwischen betreutem Wohnen und der stationären Altenpflege / Altenpflegeheim besteht im Pflegeaufwand der Personengruppen. Bewohner von „betreutes Wohnen" können einfache körperliche sowie geistige Aufgaben alleine bewältigen (Pflegestufe 0 = keine Pflegebedürftigkeit, I = Pflege bis 45 Min. / Tag und II = bis 120 Min. / Tag). Bewohner in der stationären Altenpflege / Altenpflegeheim sind dazu nicht mehr in der Lage, sie benötigen eine „rund um die Uhr Betreuung" (Pflegestufe III, H). Diese Leistung kann eine Hausverwaltung nicht erbringen. Die Zielgruppe sind somit Senioren mit der Pflegestufe 0; I und zum Teil II. Eine Erweiterung der Zielgruppe für junge Menschen mit Behinderungen wäre sinnvoll.

Zielimmobilien

Miethäuser deren Wohnungen nicht barrierefrei zugänglich sind, sowie Wohnimmobilien deren Serviceleistungen erhöht werden soll.

Bauliche / technische Änderungen für die zukünftige Mieterstruktur

Ein Immobilienunternehmen muss, wie andere Unternehmen auch, vorausschauend und bedarfsgerecht auf die Bedürfnisse seiner Kunden reagieren. Nichtmodernisierte Altbauten werden zunehmend schwieriger vermietbar sein. Für ältere und behinderte Menschen bestehen andere Auswahlkriterien und Anforderungen an einer Mietwohnung, als für gesunde und junge Menschen. Diese Bedürfnisse müssen sich zwangsläufig auf einen veränderten Baukörper auswirken. Neben kleineren Umbauarbeiten, wie z.b. das Anbringen von Haltegriffen, Beseitigung der Türschweller usw., sind es drei kostenintensive Umbauarbeiten die vorgenommen werden müssen.

1. Einbau eines Aufzugs / Treppenlifts
2. Altersgerechtes Bad und WC
3. Gärtnerisch gestalte Außenanlagen

Um die Mobilität innerhalb und außerhalb der Wohnung sicherzustellen, ist es zwingend erforderlich einen Aufzug / Treppenlift sowie seniorengerechte Badmöbel zur Verfügung zu stellen.

Senioren sind oft in Ihren Bewegungsradius stark eingeschränkt, daher ist es ratsam, in unmittelbarer Umgebung Naherholungsräume einzurichten. Die Spielräume hierfür sind, je nach wirtschaftlicher Lage des Unternehmens, vielfältig. Sie reichen von einfach begrünten Anlagen mit Parkbänken bis hin zu einem gärtnerisch angelegten Feng-Shui-Park.

Infrastrukturelle Änderungen für die zukünftige Mieterstruktur

Neben den baulichen Veränderungen muss auch die Infrastruktur für den Mietkunden dementsprechend angepasst werden, damit deren Befriedigung der Bedürfnisse des täglichen Lebens gewährleistet ist. Diese Leistungen können nur von einem oder mehreren externen Anbietern erbracht werden. Das Angebot sollte mit dem eines Altenpflegeheims vergleichbar sein.

Hierzu zählen:

* Reinigungsdienste
* Wäsche Hol- und Bringdienste
* Notrufsystem
* „Fahrbarer Mittagstisch"
* Einkaufsservice
* Medizinische Massagen / Anwendungen
* Maniküre, Pediküre und medizinische Fußpflege
* Frisör
* Beratungs- und Vermittlungsdienste
* Erweiterter Hausmeisterservice
* Gemeinschaftsraum für Spiele, Basteln usw.
* Fahr- und Begleitdienste
* Ausflüge

Prinzipiell wäre bei hochpreisigem Wohnraum ein „All-Inclusive-Paket" denkbar.

Zu empfehlen wäre unter steuerlichen Gesichtspunkten ein „normaler" Mietvertrag und ein gesonderter Betreuungsvertrag mit Serviceleistungen. Somit entfällt auf der einen Seite die Umsatzsteuer für den Mietzins, auf der anderen Seite erhält jeder Mietkunde nur die Serviceleistung die er benötigt und dementsprechend kostengerecht bezahlt.

Vorteile und Nachteile

Vorteile für den Mietkunden

- Keine Krankenhaus- bzw. Altenpflegeheimatmosphäre
- Gewohnte Umgebung und die damit verbundenen sozialen Kontakte bleiben erhalten
- Kostengünstiger als in einem Altenpflegeheim
- Normal großer Wohnraum
- Interessant für „fast Senioren"
- Ein weitestgehend selbständiges Leben führen

Nachteile für den Mietkunden

- Intensivbetreuung nur durch hohe Mehrkosten möglich

Vorteile für den Vermieter

- Vermeidung von Leerstand durch Zielgruppenerweiterung (Kostenreduzierung)
- Werterhöhung der Immobilie
- Besserer Mietermix in der Wohnanlage durch Teilabgrenzung
- Schaffung eines Kooperativen Konkurrenzvorteils (KKV) / Alleinstellungsmerkmal
- Gewinnreduzierung durch Abschreibungen der Anschaffungskosten
- Höhere Miete m²

Nachteile des Vermieters

> Hohe Investitionskosten
> Evtl. erhöhte Verwaltungsaufgaben
> Evtl. höhere Fluktuation im Vergleich zu nicht
   umgebauten Miethäusern

Vorteile der Pflegedienstleister

> Durch effizienteres Arbeiten (Optimierung von
   Prozessen), wie z.b. Wegfall von häufigen An- und
   Abfahrzeiten, entstehen Kosteneinsparungen, diese
   können zum Teil an den Kunden weitergegeben werden

Vorteile der Träger

> Durch die veränderte Altersstruktur werden auch die
   dementsprechenden Träger, wie die Pflegeversicherung
   oder das Sozialamt, gezwungen sein, diese Leistungen
   in Zukunft zum günstigsten Verhältnis „einzukaufen".

Kostenrechnung

Beispielobjekt:

Wohnlage:
Das Mietwohnhaus befindet sich in Berlin – West (Spandau Nord) und in einer mittleren Wohnlage.

Bezugsfertigkeit:
Zwischen 1919-1949 (Altbau)

Größe und Anzahl der Wohnungen:
Zwei Erdgeschosswohnungen und acht Obergeschosswohnungen mit je 60m²

Ausstattungen:
Die Wohnungen verfügen bereits über eine Sammelheizung, Bad und Innen-WC

Vor dem Umbau bestehen keine wohnwertmindernde oder wohnwerterhöhende Merkmale.
Nach dem Umbau bestehen folgende wohnwerterhöhende Merkmale:

+ Gebäude
evtl. zusätzliche Nutzräume
Personenaufzug
Concierge

+ Wohnumfeld
Aufwendig gestaltetes Wohnumfeld auf dem Grundstück

Die Kosten des Aufzuges, der altersgerechten Sanitäranlagen, der Außenanlagen sowie die Kosten der Grundbetreuung wurden durch Kostenvoranschläge ermittelt.

Darlehen und Finanzierung:
Es wird von einem „klassischen Darlehen" durch Banken ausgegangen. Andere Darlehen, wie z.b. Mieterdarlehen, haben sich in der Wohnungswirtschaft nicht durchsetzen können, auch abstrakte Finanzierungsmodelle, wie der Verkauf von eigenen Grundstücken, können hier nicht Berechnungsgrundlage sein.

Die folgenden Beispielrechnungen wurden auf Grundlage eines fiktiven Objektes erstellt, deshalb wurden die Beträge zum Teil stark gerundet.

Die ortsübliche Vergleichsmiete ist vor den Umbaumaßnahmen gegeben.

Baukosten für 10 Wohnungen

- Einbau eines Aufzuges   € 61.701,50
  laut Kostenvoranschlag
- Einbau der altersgerechten
  Sanitäranlagen   € 82.110,00
  € 8.211 / Wohnung x 10 Wohnungen
  laut Kostenvoranschlag
- Errichtung der Außenanlagen   € 23.055,58
  laut Kostenvoranschlag
- Kleine Umbaumaßnahmen,   € 30.000,00
  wie das Anbringen von Haltegriffen
  und Beseitigung der Türschwellen,
  pauschal € 3.000 / Wohnung
  x 10 Wohnungen
- Ausbau der   €   0,00
  Gemeinschaftswohnung,
  z.B. Wanddurchbruch, pauschal
- Nebenarbeiten, wie Fliesen- und   € 10.000,00
  Malerarbeiten pauschal

Baukosten gesamt: € 206.867,08
Baukosten gerundet: **€ 205.000,00**

Baukosten für 9 Wohnungen:

- Einbau eines Aufzuges   € 61.701,50
  laut Kostenvoranschlag
- Einbau der altersgerechten
  Sanitäranlagen   € 82.110,00
  € 8.211 / Wohnung x 10 Wohnungen
  laut Kostenvoranschlag
- Errichtung der Außenanlagen   € 23.055,58
  laut Kostenvoranschlag
- Kleine Umbaumaßnahmen,   € 30.000,00
  wie das Anbringen von Haltegriffen
  und Beseitigung der Türschwellen,
  pauschal € 3.000 / Wohnung
  x 10 Wohnungen
- Ausbau der   € 10.000,00
  Gemeinschaftswohnung,
  z.B. Wanddurchbruch, pauschal
- Nebenarbeiten, wie Fliesen- und   € 10.000,00
  Malerarbeiten pauschal

Baukosten gesamt: € 216867,08
Baukosten gerundet: **€ 215.000,00**

Kosten der Grundbetreuung

Um einen Vergleich gegenüber einem Altenpflegeheim anzustellen, ist es erforderlich, die vergleichbaren Grundleistungen / Monat aufzuführen.

<u>Pflegestufe 0</u>
(Keine Zuzahlung durch die Pflegekasse)

- Haushaltshilfe   € 371,25
  (45 Min. / Tag) € 16,50 / Std. x 22,5 Werktage
- Wäsche Hol- und Bringdienste   € 12, 85
  1 kg Haushaltswäsche schrankfertig
  € 4,45 + € 3,40 Transport + € 5 pauschal
  für Extrawäsche
- Notrufsystem   € 40,50
  Hausnotrufdienst; mit
  Schlüsselhinterlegung
- „Fahrbarer Mittagstisch"   € 168,00
  € 5,60 / Tag x 30 Tage
- Kostenlosen Lebensmittellieferservice,   € 200,00
  pauschaler Warenwert

Betreuungskosten gesamt: € 792,60
Betreuungskosten gerundet: € 800,00

Pflegestufe 1 + 2

- Grundversorgung   € 0,00
  und Haushaltsreinigung
  Wird immer von der Pflegeversicherung
  bezahlt
- Wäsche Hol- und Bringdienste   € 12,85
  1 kg Haushaltswäsche schrankfertig
  € 4,45 + € 3,40 Transport + € 5 pauschal
  für Extrawäsche
- Notrufsystem   € 40,50
  Hausnotrufdienst; mit
  Schlüsselhinterlegung
- „Fahrbarer Mittagstisch"   € 168,00
  € 5,60 / Tag x 30 Tage
- Kostenlosen Lebensmittellieferservice,   € 200,00
  pauschaler Warenwert

Betreuungskosten gesamt: € 421,35
Betreuungskosten gerundet: € 430,00

Finanzielle Leistungen der Pflegeversicherungen

Definition Pflegestufe 1

Pflegebedürftigkeit
Erhebliche Pflegebedürftigkeit

Definition
- ➔ 90 Minuten Pflege
- ➔ 45 Minuten davon Grundpflege
- ➔ Hilfe in den Bereichen Körperpflege, Ernährung, Mobilität

Finanzielle Leistung
Familie / Freunde: 205 €
Sozialer Dienst: 384 €

Definition Pflegestufe 2

Pflegebedürftigkeit
Schwere Pflegebedürftigkeit

Definition
- ➔ 180 Minuten Pflege
- ➔ 120 Minuten davon Grundpflege
- ➔ Hilfe in den Bereichen Körperpflege, Ernährung, Mobilität

Finanzielle Leistung
Familie / Freunde: 410 €
Sozialer Dienst: 921 €

Pflegesachleistungen der Pflegekassen
Pflegestufe 1   384 €
Pflegestufe 2   921 €

Leistungen bei vollstationärer Pflege
Pflegestufe 1   1023 €
Pflegestufe 2   1279 €

In den oben dargestellten Tabellen ist ersichtlich, dass die Pflegeversicherung die Kosten für die ambulante Pflege voll trägt.

Kostenersparnis für die Pflegeversicherung bei ambulanter Pflege

Pflegestufe 1:
Sozialer Dienst: 639 €; Familie / Freunde: 818 €
Pflegestufe 2:
Sozialer Dienst: 358 €; Familie / Freunde: 869 €

Zusatzleistungen

Auf die Zusatzleistungen wird hier nur der Vollständigkeit halber hingewiesen, jedoch nicht zahlenmäßig erfasst. Diese Leistungen sind bei Altenpflegeheimen generell separat zu entrichten, zudem wird dieses Angebot unterschiedlich stark nachgefragt.

- Einkaufsservice
- Medizinische Massagen / Anwendungen / Betreuung
- Maniküre, Pediküre und medizinische Fußpflege
- Frisör
- Fahr- und Begleitdienste

Vergleich mit einem Altenpflegeheim

Um Kostenvor- bzw. Nachteile für den Mietkunden zu berechnen, ist es erforderlich die Daten mit einem Vergleichsobjekt gegenüberzustellen.

In diesem Falle handelt es sich um das in der unmittelbaren Nähe befindliche Altenpflegeheim in Berlin / Spandau, deren Heimentgelte als durchaus moderat zu bezeichnen sind.

Monatliche Vergütung bei Anwesenheit der zu pflegenden Person und Anteile an der Pflegekasse:

Beispielberechnung:

Pflegestufe: 1
Raumzuweisung: 1-Bettzimmer
Heimkosten pro Monat: 2.131,20 €
(30 Tage)
Anteil der Pflegekasse: 1.023,00 €

Die Höhe des Pflegekassenanteils ist variabel und der gültigen Kostenübernahme der Pflegekasse zu entnehmen.

Der Bewohneranteil rechnet sich wie folgt: Heimkosten abzüglich Anteil der Pflegekasse.

Wirtschaftlichkeitsberechnung für Mietwohnräume

Mieterhöhungsmöglichkeiten:

Durch den Umbau des Miethauses entstehen für den Vermieter grundsätzlich drei Mieterhöhungsmöglichkeiten. Andere Mieterhöhungsmöglichkeiten sind zwar möglich, finden in der Praxis jedoch wenig Anwendung.

Mieterhöhungsmöglichkeiten

    a) Durch drei Vergleichswohnungen
    b) Mieterhöhung bis zur ortsüblichen Vergleichsmiete
       (Mietenspiegel)
    c) Mieterhöhung bei Modernisierung

Zu a) Durch drei Vergleichswohnungen

Das dispositive Recht im Bürgerlichen Gesetzbuch ist eher gering, daher kann davon ausgegangen werden, dass weder die Rechtsprechung noch die Mieterverbände einen Vergleich zu einem gewerblich betriebenen Altenpflegeheim zustimmen. Demzufolge entfällt diese Möglichkeit der Mieterhöhung.

Zu b) **Mieterhöhung bis zur ortsüblichen Vergleichsmiete (Mietenspiegel)**

Berechnung der ortsüblichen Vergleichsmiete (Nettokaltmiete) § 558 ff. BGB Miethöhe nach dem Mietspiegel vor dem Umbau:

Saldoberechnung für die Merkmalgruppen:

Merkmalgruppe	es überwiegen	daher (+/-)
1: Bad / WC	keine Merkmale	--
2: Küche	keine Merkmale	--
3: Wohnung	keine Merkmale	--
4: Gebäude	keine Merkmale	--
5: Wohnumfeld	keine Merkmale	–
Saldo		0 %

Berechnung der ortsüblichen Vergleichsmiete

Mittelwert	4,26 € / m² mtl.*

Berücksichtigung der zusätzlichen Merkmale:

keine zusätzlichen Merkmale	+ 0,00 € / m² mtl.*
Es ergibt sich eine ortsübliche Vergleichsmiete von	4,26 € / m² mtl.
Multipliziert mit der Wohnungsgröße von 60 m² ergibt sich eine ortsübliche Vergleichsmiete von	**€ 255,60 mtl.**

Berechnung der ortsüblichen Vergleichsmiete (Nettokaltmiete) § 558 ff. BGB Miethöhe nach dem Mietspiegel nach dem Umbau:

Saldoberechnung für die Merkmalgruppen:

Merkmalgruppe	es überwiegen	daher (+/-)
1: Bad / WC	keine Merkmale	--
2: Küche	keine Merkmale	--
3: Wohnung	keine Merkmale	--
4: Gebäude	wohnwerterhöhende Merkmale	+ 20 %
5: Wohnumfeld	wohnwerterhöhende Merkmale	+ 20 %
Saldo		+ 40 %

Berechnung der ortsüblichen Vergleichsmiete

Mittelwert   4,26 € / m² mtl.*

Berücksichtigung der zusätzlichen Merkmale:

zuzüglich 40 % von 0,85 € / m² mtl.   + 0,34 € / m² mtl.*

Es ergibt sich eine ortsübliche Vergleichsmiete
von   4,60 € / m² mtl.

Multipliziert mit der Wohnungsgröße
von 60 m² ergibt sich eine ortsübliche
Vergleichsmiete von   **276,00 € / m² mtl.**

*Erläuterung

unterer Spannenwert	€ 3,73
Differenz	*€ 0,53*
Mittelwert	€ 4,26
Differenz	*€ 0,85*
oberer Spannenwert	€ 5,11

Jede Merkmalgruppe wird bewertet. Sind weder
wohnwerterhöhende noch wohnwertmindernde Merkmale
vorhanden entspricht es dem Mittelwert. Für jedes
wohnwerterhöhende Merkmal wird ein Zuschlag von 20 %
erhoben. Für jedes wohnwertmindernde Merkmal wird ein
Abschlag von 20 % angesetzt. Alle Merkmalgruppen werden
gegeneinander aufgerechnet.

Kostenvergleich zwischen einem Altenpflegeheim und betreutem Wohnen

Kalkulatorische Annahmen:

Pflegestufe I; Einzelzimmer; Monat = 30 Tage

Kosten des Altenpflegeheims (siehe Seite 28)

Monatlich	€ 2.131,20
./. Zuzahlung durch die Pflegekasse	€ 1.023,00

Eigenanteil des Mieters / Monat	**€ 1.108,20**

Der Eigenanteil in Höhe von € 1.108,20 wird von der Rente / den Einkünften des Mieters oder den Angehörigen (falls vermögend) ersten Grades getragen. Sollte dies nicht möglich sein, kommt an dieser Stelle das Sozialamt für die Kosten auf.

Kosten des betreuten Wohnens (durch eigene Berechnung)

Miete (siehe Seite 33)	€ 276,00
+ Mietnebenkosten / Erfahrungswert	€ 230,00
(Gas, Wasser, Strom, Heizung)	
+ Betreuungskosten (siehe Seite 24)	€ 430,00

Warmendmiete inkl. Betreuungskosten	**€ 936,00**

Differenzberechnung

Kosten für den Mieter im Altenpflegeheim   € 1.108,20
./. Kosten für den Mieter durch betreutes Wohnen   €   936,00

Kostenersparnis für den Mieter durch
betreutes Wohnen / Monat   €   172,20
Gerundet   **€   170,00**

Zu der Kostenersparnis durch das betreute Wohnen in Höhe
von € 170 können weitere Einsparungen durch Eigenleistungen
erfolgen (vergl. auch Beispielrechnung "Erklärung zur
Betreuung von pflegebedürftigen Familienangehörigen", siehe
Seite 55).

<u>Kosten des betreuten Wohnens ohne Pflegebedürftigkeit</u>
<u>(Pflegestufe 0)</u>
(Keine Zuzahlung durch die Pflegekasse)

Miete (siehe Seite 33)	€ 276,00
+ Mietnebenkosten / Erfahrungswert	€ 230,00
(Gas, Wasser, Strom, Heizung)	
+ Betreuungskosten (siehe Seite 23)	€ 800,00

Warmendmiete inkl. Betreuungskosten	**€ 1.306,00**

Differenzberechnung

Kosten für den Mieter im Altenpflegeheim	€ 2.131,20
(siehe Seite 28)	
./. Kosten für den Mieter durch betreutes Wohnen	€ 1.306,00

Kostenersparnis für den Mieter durch	
betreutes Wohnen / Monat	€ 825,20
Gerundet	**€ 825,00**

Berechnung der gesamten Nettokaltmiete (Mietzins) vor den Umbaumaßnahmen ohne eine Gemeinschaftseinrichtung:

8 Wohnungen x € 255,60 Nettokaltmiete = € 2.044,80
2 Wohnungen x € 246,00 Nettokaltmiete = € 492,00
(Abzug bei EG Wohnungen von € 0,16 / m² mtl.)

Nettokaltmiete / mtl.:   = € 2.536,80
Nettokaltmiete / Jahr: = **€ 30.441,60**

Berechnung der gesamten Nettokaltmiete (Mietzins) nach den Umbaumaßnahmen ohne eine Gemeinschaftseinrichtung:

8 Wohnungen x € 276,00 Nettokaltmiete = € 2.208,00
2 Wohnung   x € 266,40 Nettokaltmiete = € 532,80
(Abzug bei EG Wohnungen von € 0,16 / m² mtl.)

Nettokaltmiete / mtl.:   = € 2.740,80
Nettokaltmiete / Jahr: = **€ 32.889,60**

Berechnung der gesamten Nettokaltmiete (Mietzins) nach den Umbaumaßnahmen mit einer Gemeinschaftseinrichtung:

8 Wohnungen x € 276,00 Nettokaltmiete   = € 2.208,00
1 Wohnung   x € 266,40 Nettokaltmiete   = €   266,40
(Abzug bei EG Wohnungen von € 0,16 / m² mtl.)
1 Wohnung   x € 0,00 Nettokaltmiete   = €   0,00

Nettokaltmiete / mtl.:   = € 2.474,40
Nettokaltmiete / Jahr: = € **29.692,80**

Gewinn und Verlust durch die Umbaumaßnahmen mit einer
Gemeinschaftseinrichtung:

Nettokaltmiete (gesamt) vor den Umbaumaßnahmen	= € 2.536,80
./. Nettokaltmiete (gesamt) nach den Umbaumaßnahmen	= € 2.474,40

Verlust der Nettokaltmiete / mtl.:	= € 62,40
Verlust der Nettokaltmiete / Jahr:	= € **748,80**

Gewinn und Verlust durch die Umbaumaßnahmen ohne eine
Gemeinschaftseinrichtung:

Nettokaltmiete (gesamt) nach den Umbaumaßnahmen	= € 2.740,80
./. Nettokaltmiete (gesamt) vor den Umbaumaßnahmen	= € 2.536,80

Gewinn der Nettokaltmiete / mtl.:	= € 204,00
Gewinn der Nettokaltmiete / Jahr:	= € **2.448,00**

Überprüfung der Wirtschaftlichkeit (Mietspiegel)

Kalkulatorische Annahmen:

Eigenkapital	= 20 %
Fremdkapital	= 80 %
Fremdkapitalzinssatz	= 6 %
Eigenkapitalzinssatz	= 4 %

Ohne Gemeinschaftseinrichtung:

Eigenkapital + Fremdkapital =
Gesamtinvestitionskosten in Höhe
von € 205.000 (siehe Seite 21)

Eigenkapital	= € 41.000
Fremdkapital	= € 164.000
Fremdkapitalzinsen	= € 9.840
Eigenkapitalzinsen	= € 1.640

Wirtschaftlichkeit =   = 1,19%
Ertrag (auch Leistung) / Aufwand
(auch Kosten) x 100
Wirtschaftlichkeit =
€ 2.448 (siehe Seite 39) / € 205.000 x 100

Gewinn = Umsatz - Kosten   = € - 9.032
Gewinn = € 2.448 - € 9.840 - € 1.640

Eigenkapitalrentabilität =   = -22 %
Gewinn / Eigenkapital x100
Eigenkapitalrentabilität =
€ - 9.032 / € 41.000 x 100

Gesamtrentabilität =   = 0,39 %
Gewinn + Fremdkapitalzinsen
/ Gesamtkapital x100
Gesamtrentabilität =
€ - 9.032 + € 9.840 / € 205.000 x 100

Nutzungsdauer = Aufwand / Ertrag =   = 83,74 Jahre
Nutzungsdauer = € 205.000 / € 2.448

Zusammenfassung

Die Kostenrechnung für das oben angeführte Mietwohnhaus
mit einem zusätzlichen Betreuungsvertrag ist durchweg negativ
zu bewerten. Umbaumaßnahmen können hier nicht unter dem
Gesichtspunkt einer lohnenden Kapitalrendite gesehen werden.

41

Zu c)   Mieterhöhung bei Modernisierung

§ 559 ff. BGB
Der Vermieter ist berechtigt die Miete um bis zu 11% der
Gesamtbaukosten / Jahr zu erhöhen.

11% von den Gesamtbaukosten in Höhe von € 205.000
= € 22.550 Mieterhöhung / Jahr
ohne Gemeinschaftseinrichtung

11% von den Gesamtbaukosten in Höhe von € 215.000
= € 23.650 Mieterhöhung / Jahr
mit Gemeinschaftseinrichtung

Berechnung der gesamten Nettokaltmiete (Mietzins) nach den
Umbaumaßnahmen ohne eine Gemeinschaftseinrichtung:

8 Wohnungen x € 255,60 Nettokaltmiete   = € 2.044,80
2 Wohnungen x € 246,00 Nettokaltmiete   = €   492,00
(Abzug bei EG Wohnungen von € 0,16 / m² mtl.)

Nettokaltmiete / mtl. gesamt: = € 2.536,80

Nettokaltmiete / Jahr: = € 30.441,60
+ Modernisierungsumlage   = € 22.550,00

Nettokaltmiete gesamt / Jahr   = € 52.991,60

Berechnung der gesamten Nettokaltmiete (Mietzins) nach den Umbaumaßnahmen mit einer Gemeinschaftseinrichtung:

8 Wohnungen x € 255,60 Nettokaltmiete = € 2.044,80
1 Wohnung   x € 246,00 Nettokaltmiete = €   246,00
(Abzug bei EG Wohnungen von € 0,16 / m² mtl.)
1 Wohnung   x €   0,00 Nettokaltmiete = €   0,00

Nettokaltmiete / mtl. gesamt: = € 2.290,80

Nettokaltmiete / Jahr   = € 27.489,60
+ Modernisierungsumlage   = € 23.650,00

Nettokaltmiete gesamt / Jahr   = € 51.139,60

Überprüfung der Wirtschaftlichkeit (Modernisierung)

Kalkulatorische Annahmen:

Eigenkapital	= 20 %
Fremdkapital	= 80 %
Fremdkapitalzinssatz	= 6 %
Eigenkapitalzinssatz	= 4 %

Ohne Gemeinschaftseinrichtung:
Eigenkapital + Fremdkapital =
Gesamtinvestitionskosten in Höhe
von € 205.000 (siehe Seite 21)

Eigenkapital	= € 41.000
Fremdkapital	= € 164.000
Fremdkapitalzinsen	= € 9.840
Eigenkapitalzinsen	= € 1.640

Mit Gemeinschaftseinrichtung:
Eigenkapital + Fremdkapital =
Gesamtinvestitionskosten in Höhe
von € 215.000 (siehe Seite 22)

Eigenkapital	= € 43.000
Fremdkapital	= € 172.000
Fremdkapitalzinsen	= € 10.320
Eigenkapitalzinsen	= € 1.720

Ohne Gemeinschaftseinrichtung:
Wirtschaftlichkeit =   = 11%
Ertrag (auch Leistung) / Aufwand
(auch Kosten) x 100
Wirtschaftlichkeit =
€ 22.550 (siehe Seite 42) /
€ 205.000 (siehe Seite 21) x 100

Mit Gemeinschaftseinrichtung:
Wirtschaftlichkeit =   = 11%
Ertrag (auch Leistung) / Aufwand
(auch Kosten) x 100
Wirtschaftlichkeit =
€ 23.650 (siehe Seite 42) /
€ 215.000 (siehe Seite 22) x 100

Ohne Gemeinschaftseinrichtung:
Gewinn = Umsatz - Kosten   = € 11.070
Gewinn = € 22.550 - € 9.840 - € 1.640

Mit Gemeinschaftseinrichtung:
Gewinn = Umsatz - Kosten   = € 11.610
Gewinn = € 23.650 - € 10.320 - € 1.720

Ohne Gemeinschaftseinrichtung:
Eigenkapitalrentabilität =   = 27%
Gewinn / Eigenkapital x 100
Eigenkapitalrentabilität =
€ 11.070 / € 41.000 x 100

Mit Gemeinschaftseinrichtung:
Eigenkapitalrentabilität =   = 27%
Gewinn / Eigenkapital x100
Eigenkapitalrentabilität =
€ 11.610 / € 43.000 x 100

Ohne Gemeinschaftseinrichtung:
Gesamtrentabilität = Gewinn +   = 10,2%
Fremdkapitalzinsen / Gesamtkapital x100
Gesamtrentabilität =
€ 11.070 + € 9.840 / € 205.000 x 100

Mit Gemeinschaftseinrichtung:
Gesamtrentabilität = Gewinn +   = 10,2%
Fremdkapitalzinsen / Gesamtkapital x100
Gesamtrentabilität =
€ 11.610 + € 10.320 / € 215.000 x 100

Ohne Gemeinschaftseinrichtung:
Nutzungsdauer = Aufwand / Ertrag   = 9,09 Jahre
Nutzungsdauer = € 205.000 / € 22.550

Mit Gemeinschaftseinrichtung:
Nutzungsdauer = Aufwand / Ertrag   = 9,09 Jahre
Nutzungsdauer = € 215.000 / € 23.650

Zusammenfassung

Die Kostenrechnung für das oben angeführte Mietwohnhaus mit einem zusätzlichen Betreuungsvertrag ist durchweg positiv zu bewerten. Eine Umbaumaßnahme, wenn dies bautechnisch möglich ist und die Mieterschaft der Modernisierung zustimmt, wäre daher zu empfehlen.

Diese Art der Mieterhöhung birgt jedoch das größte Risiko, da die Mieter den Umbau als Luxusmodernisierung einstufen könnten, die wiederum nicht zustimmungspflichtig ist. Es müsste vorab eine rechtsverbindliche Zustimmung der Mietergemeinschaft erfolgen, um eine „Luxusmodernisierung" durchzusetzen bzw. die erhöhte Miete umzulegen. In einem gut vermieteten Objekt dürfte dies, durch die relativ hohe Anzahl der Mieter, schwierig sein.

Für beide Mieterhöhungsmöglichkeiten gilt:

Durch das stark geänderte Aufgabenvolumen eines neu entstandenen komplementären Marktsegments gegenüber einer herkömmlichen Immobilienverwaltung wäre, insbesondere bei größeren Immobilienunternehmen, die Schaffung eines extra hierfür eingerichteten Profit-Centers sinnvoll.

Umwandlung in gewerblich genutzte Wohnräume

Um eine Umwandlung eines Miethauses in ein Altenpflegeheim zu erreichen ist es erforderlich, dass die Immobilie entmietet wird. Das Bürgerliche Gesetzbuch räumt diese Möglichkeit ein.

Auszug aus dem BGB:

§573 Ordentliche Kündigung des Vermieters.
(1) Der Vermieter kann nur kündigen, wenn er ein berechtigtes Interesse an der Beendigung des Mietverhältnisses hat. Die Kündigung zum Zwecke der Mieterhöhung ist ausgeschlossen.
(2) Ein berechtigtes Interesse des Vermieters an der Beendigung des Mietverhältnisses liegt insbesondere vor, wenn

3. der Vermieter durch die Fortsetzung des Mietverhältnisses an einer angemessenen wirtschaftlichen Verwertung des Grundstücks gehindert und dadurch erhebliche Nachteile erleiden würde; die Möglichkeit, durch eine anderweitige Vermietung als Wohnraum eine höhere Miete zu erzielen, bleibt außer Betracht; der Vermieter kann sich auch nicht darauf berufen, dass er die Mieträume im Zusammenhang mit einer beabsichtigten oder nach Überlassung an den Mieter erfolgten Begründung von Wohnungseigentum veräußern will.

(3) Die Gründe für ein berechtigtes Interesse des Vermieters sind in dem Kündigungsschreiben anzugeben. Andere Gründe werden nur berücksichtigt, soweit sie nachträglich entstanden sind.
(4) Eine zum Nachteil des Mieters abweichende Vereinbarung ist unwirksam.

Eine vertragliche Einverständniserklärung seitens der Mieter wäre zwar grundsätzlich denkbar, jedoch in der Praxis höchst unwahrscheinlich. Die Mieter müssten zeitgleich mit der Beendigung der Umbaumaßnahmen einen Bedarf an einer Altenpflegeheim ähnlichen Wohnform haben.

Altenpflegeheim ähnliche Wohnform

Ein Immobilienunternehmen/er wird kaum in Eigenregie eine Altenpflegeheim ähnliche Immobilie betreiben, hier sind die Kernkompetenzen und Anforderungen völlig andere als in der Wohnungswirtschaft.

Eine effiziente Lösung wäre eine Kooperation, idealer Weise in unmittelbarer Umgebung des Objekts, mit einem Altenpflegeheim oder mit einem ambulanten Pflegedienst.

Eine Kooperation eines Immobilienunternehmen/er kann nur im zur Verfügung stellen der Immobilie bestehen. Dieses geschieht am einfachsten durch einen Immobilienleasingvertrag. Der Immobilienleasinggeber (das / der Immobilienunternehmen/er bzw. die Gemeinde oder Kommune) baut die Immobilie bedarfsgerecht um und stellt diese zur Verfügung. Der Immobilienleasingnehmer (das Altenpflegeheim / der ambulante Pflegedienst) entrichtet die dementsprechend vereinbarte Immobilienleasingrate. Es kann vereinbart werden, dass der Leasingnehmer nach Beendigung des Vertrages ein Ankaufsrecht in Höhe des Restbuchwertes hat. Der Leasingnehmer hat während der Leasingzeit alle sonstigen Aufwendungen und Erträge zu tragen bzw. zu bekommen (zeitlicher Eigentumsübergang). Immobilienleasinggeschäfte werden in der Praxis in der Regel nur in Verbindung mit Millionenkrediten vergeben. In diesem Finanzierungsbeispiel würde der Immobilieneigentümer einen Gewerbemietvertrag, der grundsätzlich frei verhandelbar ist und nicht nach Treu und Glauben verstößt, abschließen. Dieser hätte den Charakter eines Immobilienleasingvertrages.

Überprüfung der Wirtschaftlichkeit

Kalkulatorische Aufstellung / Annahmen:

Kumulierte Nettokaltmieten	
laut Mietspiegel / Jahr (siehe Seite 37)	€ 30.441,60
11%ige Modernisierungsumlage / Jahr	€ 22.550,00
(Modernisierungskosten: € 205.000)	

Mindestertrag	€ 52.991,60
+ 5% zusätzlicher Gewinn (pauschal),	
durch Gewerbevermietung	€ 2.649,58

Zu entrichtender Mietzins / Jahr	€ 55.641,18
Miete / m² / Monat	€ 7,73

Das Altenpflegeheimheim / der ambulante Pflegedienst hätte
nach Beendigung des Gewerbemietvertrages, der idealer Weise
zeitgleich mit dem Kreditvertrag der Bank ausläuft, die Option
den Vertrag bei Bedarf zu verlängern.

Zusammenfassung

Ein Vorteil für die Heimbetreiber besteht in dem geringen Investitionsaufwand, da das Gebäude bereits vorhanden ist. Grundstücke sind insbesondere im innerstädtischen Bereich knapp, daher wird es für Pflegedienstbetriebe zunehmend schwieriger werden, geeignete Immobilien zu finden. Durch Umbaumaßnahmen an vorhandenen Baukörpern könnte auch dieses Problem gemindert werden. Das / der Immobilienunternehmen/er bekommt im Gegenzug eine gut vermietete, modernisierte und dem Markt gerecht werdende Immobilie, um dessen Vermietung und deren anfallende Bewirtschaftung sich der Immobilieneigentümer während der Vertragslaufzeit nicht mehr kümmern muss. Die Gründung eines Profit-Centers ist durch das geringe Arbeits- und Aufwandsvolumen nicht nötig.

Das so genannte win to win Prinzip wäre hier denkbar.

Für beide Möglichkeiten gilt, dass der Mietkunde durch eine geringe Kostenstruktur eine barrierefreie Wohnung, mit den Zusatzleistungen eines stationären Altenpflegeheimes, zu einem geringeren Mietniveau beziehen könnte.

Teilmodernisierung

Um die relativ hohen Kosten zu reduzieren und somit das wirtschaftliche Risiko zu minimieren besteht zudem die Möglichkeit der Teilmodernisierung. Hier werden nur die sich im Hochparterre und im Parterre befindlichen Wohnungen altersgerecht umgebaut. Die Wohnungen im Hochparterre können durch einen Treppenlift erreicht werden.

In den typischen 50er und 60er Jahre Bauten mit Personenaufzug, besteht oft das Problem, dass die Aufzüge sich auf halber Treppe befinden. Auch dieser bautechnische Mangel ist durch Einbau eines Treppenliftes zu beheben. Ein weiterer Vorteil in diesen Mietwohnhäusern besteht darin, dass sich beliebig viele freiwerdende Wohnungen, je der Nachfrage entsprechend, barrierefrei umbauen lassen.

Die Kosten eines Treppenliftes belaufen sich auf ca. 5.000 bis 12.000 Euro.

Durch den Einbau von Plattformliften lassen sich die Zielgruppen noch erweitern. Neben den alten und behinderten Menschen entsteht auch für junge Familien sowie Alleinerziehende mit Kindern der Vorteil, den Kinderwagen sicher bis zum Personenaufzug und damit direkt bis zur Ihrer Wohnung zu transportieren.

Das Problem, das viele Hausverwaltungen haben, dass Kinderwagen in den Hausfluren abgestellt werden, wäre behoben.

Ebenfalls möglich ist eine Umwandlung von leerstehenden Ladengeschäften, die sich nicht in einer bevorzugten Geschäftslage befinden, in eine altersgerechte Wohnung.

Durch das generationenübergreifende Zusammenleben wäre ein optimaler Mietermix gegeben. Eine zusätzliche Kostenreduzierung durch die Betreuung der pflegebedürftigen Familienangehörigen wäre leicht umsetzbar (siehe Seite 55). Umgekehrt könnten die Senioren die Beaufsichtigung von Kindern übernehmen.

Zusammenfassung

Eine kostengünstige Lösung, die auch für viele kleine Immobilienunternehmen erschwinglich ist, um den Immobilienbestand den zukünftigen Nutzungsbedürfnissen anzupassen. Eine finanzielle Entlastung entsteht nicht nur für den jeweiligen Träger, sondern auch für den Pflegebedürftigen bzw. dessen Angehörige, da hier problemlos eine Teilbetreuung erfolgen kann. Am effizientesten ist es, wie unsere Vorfahren schon wussten, wenn mehrere Generationen unter einem Dach leben.

Erklärung zur Betreuung von pflegebedürftigen Familienangehörigen

Beispielrechnung

Wurde die zu pflegende Person durch den Medizinischen Dienst der Krankenversicherung in die Pflegestufe 1 eingestuft, so hat die Person ein Anrecht auf Pflegesachleistungen in Höhe von € 384.

Entscheidet sich die betroffene Person für einen ambulanten Pflegedienst, der lediglich eine Pflegeleistung in Höhe von € 270 erbringt, so können Verwandte oder Bekannte durch Ihre Pflegeleistung mit dem Differenzbetrag in Höhe von € 114 honoriert werden.

Fazit

Eine generelle Befürwortung von Umbaumaßnahmen und zusätzlichen Serviceleistungen im Immobiliensektor aufgrund einer tendenziell alternden Gesellschaft kann grundsätzlich erfolgen, jedoch muss jede Immobilie einer individuellen Betrachtungsweise unterzogen werden. Neben den baulichen Gegebenheiten, es sind mehr Immobilien umbaufähig als allgemein angenommen wird, ist vor allem die Mikrolage entscheidend. In einem Berliner Bezirk wie z.b. Prenzlauer Berg mit einer jungen Bevölkerungsschicht wird es weniger Bedarf an altersgerechtem Wohnraum geben als beispielsweise im Berliner Bezirk Spandau, in dem mehr ältere Menschen leben.

Neben der Standortanalyse kommen noch andere betriebliche Faktoren in Betracht wie z.b. benötigte Abschreibungen, Höhe des Eigenkapitals für die Umbaumaßnahmen, gewünschte Synergieeffekte (insbesondere bei größeren Gebäudekomplexen), soziale Verantwortung usw.

Kreditgeber sind bei der Vergabe von Krediten, insbesondere nach Basel II und der Finanzkrise, vorsichtig geworden. Ein Immobilienunternehmen, das vorausschauende unternehmerische Ziele definieren kann, wird stärker als in der Vergangenheit bei Kreditvergaben berücksichtigt werden, als Unternehmen, die dieses nicht können.

Ein Immobilienunternehmen mit ohnehin belasteten Immobilien, könnte ohne bzw. nur mit verringerten Mieterträgen seinen Kapitaldienst nicht mehr leisten, und wäre somit insolvent.

Die Umbaumaßnahmen müssen primär unter dem Aspekt der Nachhaltigkeit in ihrer gesamten lebenszyklischen Betrachtungsweise stehen. Langfristige und veränderte Mieterwünsche müssten hier höherwertiger eingestuft werden, als evtl. kurzfristige Ergebnisse mittels reiner finanziellen Kennzahlen (Balanced Scorecard). Demzufolge hätte die Vermeidung von hohen Wohnungsleerständen in Zukunft, obwohl datenmäßig kaum erfassbar, Priorität gegenüber einer evtl. schlechteren Eigenkapitalverzinsung in der Gegenwart. Die Investitionen sollten als nachträgliche Herstellungskosten betrachtet werden.

Im zunehmenden Maße muss auch das Kundencontrolling den Einzug in die Immobilienwirtschaft finden, d. h. der Mieter ist der Kunde und das vorrangigste Ziel kann nur die Befriedigung der gestiegenen und veränderten Ansprüche des Mieters sein.

Anhand der oben angeführten Anforderungen an die Immobilie wird die Notwendigkeit des vorausschauenden Immobilienunternehmens deutlich. Strategisches Controlling sowie die Einführung von Marketingkonzepten werden in Zukunft unverzichtbar sein, um den veränderten Lebenszyklus der Immobilie rechtzeitig anzupassen.